La tormenta de nieve

por Ellen Dryer
ilustrado por Sadami Higuchi

Scott Foresman
is an imprint of

Glenview, Illinois • Boston, Massachusetts • Chandler, Arizona
Upper Saddle River, New Jersey

Every effort has been made to secure permission and provide appropriate credit for photographic material. The publisher deeply regrets any omission and pledges to correct errors called to its attention in subsequent editions.

Unless otherwise acknowledged, all photographs are the property of Pearson.

Photo locations denoted as follows: Top (T), Center (C), Bottom (B), Left (L), Right (R), Background (Bkgd)

Illustrations by Sadami Higuchi

Photograph 12 Jupiter Images

ISBN 13: 978-0-328-53440-1
ISBN 10:   0-328-53440-4

Copyright © by Pearson Education, Inc., or its affiliates. All rights reserved. Printed in the United States of America. This publication is protected by copyright, and permission should be obtained from the publisher prior to any prohibited reproduction, storage in a retrieval system, or transmission in any form or by any means, electronic, mechanical, photocopying, recording, or likewise. For information regarding permissions, write to Pearson Curriculum Rights & Permissions, One Lake Street, Upper Saddle River, New Jersey 07458.

Pearson® is a trademark, in the U.S. and/or other countries, of Pearson plc or its affiliates.

Scott Foresman® is a trademark, in the U.S. and/or other countries, of Pearson Education, Inc., or its affiliates.

2 3 4 5 6 7 8 9 10 V0N4 13 12 11 10

Nevaba sin parar. Jaime y Luis salieron a jugar en la nieve.

—¡Mira cómo caigo! —dijo Jaime mientras se delizaba sobre los peñascos cubiertos de nieve.

—¡Cuidado, que aquí voy yo! —exclamó Luis.

De pronto, el viento comenzó a soplar con fuerza. Caía más y más nieve.

—Ya no se ven los peñascos. ¡Hay una tormenta de nieve! —dijo Luis.

—¡Vámonos a casa! —dijo Jaime.

Se demoraron mucho en llegar a la casa de Jaime. El viento los empujaba. El aire helado les golpeaba la cara.

Jaime miró la casa del vecino con la puerta pintada como un arco iris. Las luces estaban apagadas.

—Espero que el señor Zoilo esté bien —dijo Jaime preocupado.

—¿Quién es el señor Zoilo? —le preguntó Luis cuando entraron.

—Es nuestro vecino. Sus cuentos me encantan —dijo Jaime.

Los niños se calentaron con la sopa que les sirvió el papá de Jaime.

—Caray, espero que Zoilo no salga hoy —dijo el papá de Jaime—. Sufriría mucho con su pierna mala.

—¿Qué tal si le llevamos un poco de sopa cuando acabe la tormenta? —propuso Jaime.

Más tarde, los chicos fueron a tocar a la puerta del señor Zoilo.

—No oigo pasos. ¿Estará durmiendo? —preguntó Jaime.

—Ya se hubiera despertado con estos golpes —dijo Luis.

—¡Hola! —dijo el señor Zoilo—. Pasen, muchachos, por favor.

Jaime le entregó la sopa. El señor Zoilo la destapó y dijo: —Gracias, Jaime. Me caerá muy bien.

Pronto, el señor Zoilo comenzó a contar uno de sus cuentos: —Había una vez un rey cuyo reino estaba al lado de un volcán. Este volcán, en lugar de lava, botaba sopa.

Jaime y Luis se rieron.

—El rey había dictado una ley —siguió el señor Zoilo, sonriendo—. La gente del reino tenía que poner sus ollas al pie del volcán. Así, cuando el volcán hacía erupción, las ollas se llenaban de sopa.

—¡Eso es imposible! —dijo Luis.

—Claro, pero ¡qué buen cuento! —dijo Jaime.

—¡Y qué buena sopa! —dijo el señor Zoilo.

Tormentas de nieve

Las tormentas de nieve pueden ser peligrosas. Cuando el viento sopla muy fuerte en una tormenta de nieve, se llaman ventiscas de nieve. El viento helado hace que la temperatura baje mucho. La nieve que sopla no deja ver bien. Durante una tormenta de nieve, hay que tratar de buscar refugio en un lugar bajo techo.